AF316712

De la A a la Z con Dios

Lisbette Peralta

DE LA A A LA Z CON DIOS

Para Leandro, Sahily y Esias

A es de Adán,
en el Jardín del Edén vivió,
con Eva juntos caminaban,
¡y a todos los animales él nombró!

B es de Belén, un lugar especial,
donde nació Jesús en un establo genial.

C es de cruz, que en el monte se ve,
una historia de amor que todos deben saber.

Des de David, con su honda y piedra,
venció al gigante sin ninguna espera.

E es de Éxodo, gran marcha fue,
Moisés con su gente al mar los llevó a ver.

F es de fe, que mueve montañas,
y te hace brincar como ranas en las cañas.

G es de gozo, un canto feliz,
ríe sin parar como un colibrí.

H es de higuera, que fruta dará,
Jesús la miraba al pasar por allá.

es de Isaías, profeta genial,
sus palabras sabias traen bien celestial.

J es de Jonás, que al mar fue a nadar,
un gran pez lo llevó sin preguntar.

K de Kinor, el arpa de David,
que con suaves notas hizo al rey feliz.

L es de Lucas, un doctor de verdad,
relata la historia con gran claridad.

M es de maná, que del cielo cayó,
al pueblo de Dios de hambre salvó.

N es de Noé, constructor sin igual,
su arca salvó animal y animal.

Ñ pocas palabras con ese comienzo,
pero sueños tuvo José, el soñador,
que sus hermanos vendieron, lleno de dolor.
Pero en Egipto Dios lo bendijo,
y su camino de triunfo fue un acertijo.

O es de oración, susurro al Señor,
hablarle en silencio es todo un honor.

P es de Pablo, viajero incansable,
sus cartas nos dejan un mensaje amable.

Q es de querubines, ángeles de alto honor,
guardando con sus alas el trono del Señor.

R es de Ruth, una amiga leal,
dejó su hogar por amor sin igual.

S es de Sabio, como Salomón,
pidió inteligencia con gran devoción.

T es de torre, en Babel la alzaron,
y hablando distinto, todos se marcharon.

U es de uva, en Caná de Galilea se transformó, el agua en vino Jesús convirtió.

V es de vasija, la mujer la llenó,
aceite divino, sorpresa le dio.

W de wow, Jesús caminó,
sobre las aguas, y a Pedro asombró.

X es difícil de empezar,
Pero con eXcelencia debemos buscar.
En toda la creación, Dios dejó su huella,
Y nos llama a vivir siguiendo su estrella.

Y es de yugo, que liviano es,
si al lado de Jesús la carga llevás.

Z es de Zaqueo, un hombre pequeño,
al árbol se subió para ver el gran sueño.

Este abecedario ha terminado,
Con rimas bíblicas y un toque encantado.